CRISTINA HERMIDA

En la ventana

CRISTINA HERMIDA, *En la ventana,* Editorial Continta Me Tienes, colección **Escénicas**

Primera edición: octubre de 2024

Edición a cargo de Sandra Cendal

86 pp., 13 x 18 cm.
Depósito legal: NA 1844-2024
ISBN: 978-84-19323-29-3
IBIC: AT_Artes Escénicas

Colección Escénicas, 41

Continta Me Tienes
C/ Belmonte de Tajo 55, 3° C
28019, Madrid
91 469 35 12 ~ info@contintametienes.com
www.contintametienes.com
𝕏 @Continta_mt f ContintaMeTienes @contintametienes

Cristina Hermida

En la ventana

Introducción de Asier Andueza
Prólogo de Eva Mir

Continta
me tienes

ÍNDICE

Introducción:

SOBRE EL FESTIVAL LEB
La vanguardia escénica a las puertas del Pirineo

Asier Andueza

El texto que vas a leer es el ganador del «Primer Premio de Textos Escénicos LEB-CTMT con la colaboración de la AAT» otorgado en el marco de la primera edición del Festival LEB Jaialdia celebrado del 1 al 9 de diciembre de 2023 en la localidad navarra de Aoiz-Agoitz.

El sueño, el reto y la responsabilidad

Tener la posibilidad de diseñar un festival de artes escénicas desde cero es intentar dar respuesta a las proyecciones mentales que uno acumula de cómo sueña que deberían ser las cosas en su forma ideal. Luego llegan los imponderables, la tozuda realidad que siempre obliga y las, siempre insuficientes, capacidades propias que uno intenta reforzar congregando alrededor del proyecto a las y los mejores cómplices.

Todo para responder al reto de parecerse mucho a aquello que un día solo fue un sueño, el mejor de los sueños, aquel que responde a todas las necesidades percibidas a lo largo de una trayectoria vital y a las exigencias autoimpuestas como metas irrenunciables: hacer recalar la vanguardia escénica en el entorno rural, la excelencia artística, el vínculo con el territorio, la responsabilidad social, el derecho universal de acceso a la cultura de todas las personas, el ser acicate creativo, crear alianzas con el propio sector, apostar por la transmisión de conocimientos, trabajar en favor de la generación de nuevos públicos, de crear sinergias y de provocar encuentros improbables...

Con la responsabilidad de que esta declaración de intenciones llegara a buen puerto, iniciamos el trabajo allá por 2022.

Punto de encuentro, motor y escaparate

LEB es el acrónimo de Lengoaia Eszeniko Berriak, Nuevos Lenguajes Escénicos en euskera. Un festival de nuevos lenguajes escénicos alude necesariamente a la diferenciación por oposición de los viejos lenguajes escénicos. ¿En qué se traduce esta declaración de intenciones? Principalmente en la asunción de riesgos creativos que supongan también un reto novedoso para espectadores y espectadoras. La nuestra es una concepción amplia que está abierta a tensar, suprimir, cuestionar, reinterpretar, subvertir, transponer las narrativas, los discursos o los símbolos. También cabe repensar la relación con las y los espectadores, los medios, los canales, los códigos... o las vías de expresión como la palabra, el cuerpo, el objeto, el tiempo, el espacio, la materia, lo tangible y lo virtual... En definitiva, un juego de signos escénicos para trascender las taxonomías canónicas.

El Festival se apoya en tres principios: desarrollar la escena experimental en el entorno rural, la transmisión de conocimiento y la integración social.

A su vez, el Festival se define feminista, queer, inclusivo, integrador, solidario, accesible e internacional. Nace para que la vanguardia escénica recale en el entorno rural atendiendo a la premisa básica del derecho universal del acceso a la cultura de todas las personas. Un derecho entendido desde una perspectiva triple: la del territorio, abogando por la descentralización de la actividad cultural; una perspectiva inclusiva que refleje la diversidad e idiosincrasia propia del lugar; y, también, una perspectiva que apuesta por la accesibilidad, para que todas las personas, tengamos algún tipo de discapacidad o no, podamos disfrutar del Festival tanto como público y/o como participante activo.

La conceptualización del Festival LEB propone una visión poliédrica para dar respuesta a los principios y valores sobre los que se construye y crea un marco que replantea los modos de acercamiento a la cultura proponiendo nuevas maneras y nuevos paradigmas.

Se ponen en el centro de la acción la ruralidad, la diversidad y el conocimiento. Una combinación de territorio, acción y reflexión atendiendo al principio de retorno social.

También hemos querido ser motor creativo y para ello convocamos el premio de textos escénicos cuya obra ganadora tienes entre manos.

Primer Premio de Textos Escénicos LEB-CTMT con la colaboración de la AAT

La idea de crear un premio de textos teatrales responde a tres premisas, por un lado la de potenciar la creación, por otro la de generar un legado que quede en el tiempo con la edición del texto y, finalmente, la de crear un eslabón que relacione las diferentes ediciones y por eso se apuesta por montar el texto ganador de una edición para ser estrenado en la siguiente.

La convocatoria la hicimos desde el Festival LEB en colaboración con la Asociación de Autoras y Autores de Teatro (AAT) y la editorial Continta Me Tienes (CTMT). Entre el 5 de julio de 2023 (fecha en la que se abrió la convocatoria) y el 6 de agosto de 2023 (fecha de cierre de la convocatoria) recibimos ciento treinta y cinco textos de dieciséis países.

El jurado compuesto por Sandra Cendal (de la editorial Continta Me Tienes), Eva Mir (dramaturga y directora, Premio

Calderón de la Barca 2019), Mariajo López (gestora cultural y crítica teatral), David Montero (Asociación de Autoras y Autores de Teatro) y Asier Andueza (director del Festival LEB Jaialdia) eligió como ganador el texto *EN LA VENTANA* de Cristina Hermida.

El jurado destacó su capacidad para generar una dramaturgia a partir de la crónica de la semana en que una autora, urgida por los plazos, se encierra a escribir una obra. La ironía y la ternura de la voz narrativa en su encierro doméstico dialogan con un exterior que asoma y nombra (muchas veces por ausencia) lo que la protagonista anhela y sabe casi imposible: una pausa en el frenesí de este tiempo postcapitalista que habitamos. A través de esa crónica, surge el retrato de una generación que ha llegado a una gran ciudad en busca de una vida mejor y que consume sus días encerrada en pisos pequeños y oscuros y que agota el día a día casi sin esperanza de mejorar.

Asier Andueza
Director del LEB

Eva Mir. *Dramaturga y directora de teatro, también especializada en lenguaje audiovisual. Entre sus obras se encuentran* La Conmoción, Héroes en diciembre, Hacia Regolit, Antípodas *y* El latido mudo.

Prólogo:

ESA PAUSA YA ESTABA ALLÍ

Eva Mir

Me gustaría que el tiempo de este prólogo fuese lo que dura escribir este prólogo.

Esta es una de las premisas con las que Cristina abre *En la ventana*.

> *TIEMPO: Lo que dura escribir esta obra.*

Y yo me pregunto si no es esta la nueva forma de entender el teatro, como una mezcla indisoluble de lo que escribimos y lo que pasa y nos pasa mientras escribimos. Y está claro que a la autora (quien quiera que sea la autora), le pasan muchas cosas.

A Cristina Hermida me la encuentro en las entradas y salidas de teatros madrileños, por azares más o menos azarosos en las calles y bares de la ciudad y, sobre todo, a través de las amigas que nos conectan, y nos conectan bien. Así descubro lo poco que sé de ella: que es de formación arquitecta, que se dedica a escribir, a diseñar escenografías y que también dirige. Cada vez que coincidimos cada ciertas semanas o meses, tengo la sensación de que es uno de esos personajes de las tramas horizontales, que aparece frecuentemente, pero nunca con una réplica demasiado larga (al menos en la narrativa que se cuenta desde mi punto de vista, claro está). Cuando descubro en el contexto del Premio de Textos Escénicos LEB-CTMT que *En la ventana* lo ha escrito Cristina, me digo: pero qué ganas tenía de escucharte, de leerte, querida.

En la ventana se presenta a sí misma: es una ventana. De las de Lavapiés. De las de los pisos que aún no han sido reformados para convertirse en Airbnb. De las que aún tienen vidrio sencillo y marco de madera por el que se cuela el frío de enero y el Tikka Masala de la compañera de piso. La obra de Cristina es una ventana a un universo que se genera conforme se escribe, de hecho, se genera gracias a que se va escribiendo.

PLANTA: Parece que lo haces para pelotear al jurado.

AUTORA: Es un guiño. Un pequeño toque de humor. Se sabe que no es en serio.

PLANTA: No funcionará.

AUTORA: ¿Eso crees?

PLANTA: No, no funcionará. Aparece cuando aún no te conocen y no se entiende. Y como broma es mala, además.

Una obra en el gerundio más radical. ¿Se puede escribir desde otro tiempo verbal hoy? Veo en *la ventana* de Cristina facilidad para abrirse, para dejar que las variables, las posibilidades de ficción se desplieguen sin pedir demasiado permiso, sin tocar antes al timbre. Los personajes que se pasean por la cabeza, la pantalla y el cuerpo de la autora (si es que acaso no son lo mismo) lo hacen como Pedro por su casa. Son invocados porque los necesitamos para que algo avance, o precisamente, para que algo se detenga.

A veces leo este texto como una huida hacia adelante. Una autora escribe para una convocatoria cuyo plazo de entrega está a punto de finalizar (en la experiencia real de la autora, diez días). O como una huida mucho mayor, de ese miedo por haber saltado sin red desde una carrera a priori prometedora como arquitecta, hacia un oficio para el que se me ocurren tantos adjetivos más y menos amables que no cabrían en un prólogo. Pero al mismo tiempo, otras veces encuentro en el texto la necesidad de todo lo contrario, un reseteo, un estancamiento, un encierro voluntario como el que literalmente se autoinflige la autora para escribir ante la velocidad y el ruido, ante la imposibilidad de pausar el tiempo de fuera.

La pausa ya estaba ahí.

Y es que el tiempo es una constante en *En la ventana*. Como Cristina me reconoce en alguna conversación que tenemos, hay una dicotomía consigo misma sobre su empleo del tiempo.

Trabajando como autónoma en proyectos de arquitectura mientras en otra pestaña de word un documento en blanco aspira a obra de teatro. La pantalla, en cualquier caso, como estructura del tiempo y también del espacio, desde donde se apela a la dependienta de un supermercado, a la Puerta del Sol llena de tumbonas, a una planta que da consejos dramatúrgicos y que habla de MDMA o a una cita médica virtual.

Como dice Liddell en su última obra *DÄMON*, «el teatro es tiempo, y el tiempo, mata».

Esta es una obra en gerundio, una obra sobre la propia construcción dramática que nos arrastra porque nos habla sobre aquello a lo que nos vemos arrastradas: los tiempos de las convocatorias, de las entregas, de la conciliación, de la compra diaria, de la búsqueda de piso, del proyecto de vivir en el campo, del cuidado de nuestras hijas las plantas, de todo aquello que pasa mientras intentas escribir. Y ahí *En la ventana* me apela directamente, donde entronca con el sentido esencial de quien se dedica a la creación. Me pregunto, ¿estamos dejando que escribir sea una excepción dentro del oficio de una escritora? ¿Que los trámites, las entregas, las justificaciones o pagar la cuota de autónomos ocupen la mayor parte del tiempo? ¿No era la médula de la creación el hecho de pensar, vivir, percibir y conversar lento para tener así algo que transmitir a la humanidad sin condenarnos a repetir y repetir automáticamente? Por eso leo *En la ventana* y recuerdo a Remedios Zafra y su ensayo *El informe*. Dice Remedios:

[...] trabajamos y parece que vivimos, pero trabajamos o preparamos informes para trabajos, o soñamos con el trabajo, o enlatamos unos días para sentir que descansamos del trabajo, o buscamos trabajo, pero no vivimos. ¿Será la razón de este cansancio por la que con frecuencia nos falta el aire y nos medicamos para aparentar que estamos bien mientras seguimos trabajando?

De la obra de Cristina me apela, más que nada, cómo afronta estas preguntas tan complejas. Desde enfoques a priori contrapuestos, pero definitivamente complementarios: la acidez y la ternura, el caos y el orden... Y siempre atendiendo a lo pequeño, como una radiografía de la cotidianeidad. Su dramaturgia no es fragmentaria, pero consigue deslizarnos orgánicamente en continuos desvíos gracias a esa narradora que me evoca a los personajes de Pablo Remón que narran y nos guían con su relato. Sin que nos demos cuenta, una nueva realidad ha accedido al piso de la autora y se ha impuesto. De un volantazo, la acción se ha deslizado hacia otro recoveco, pero siempre con la intención de devolvernos a esa línea dramática en la que un cuerpo escribe, imagina y se imagina con el objetivo de llegar a la entrega de una convocatoria. Igualmente, admiro esta fluidez en el tono. La ironía, la inteligencia, el punto de vista ácido con el que la autora percibe la realidad y que me recuerda al escritor de relatos Jorge de Cascante, consigue que no nos distanciemos de la historia porque siempre nos ofrece la ternura. Cristina trata a sus protagonistas con el humor que nos iguala a ellos, los humaniza y no pone por encima la intelectualidad de los personajes a la situación que están viviendo/sobreviviendo.

Me gusta ver las obras como creadoras de movimientos literarios. Y cuando leo *En la ventana* puedo pensar en un teatro de las proyecciones. La escritura de Cristina (también *Rafa soy yo*, seleccionada y estrenada en el Festival IMPARABLES 2022 de Nave 73) proyecta realidades alternativas. Una autora encerrada se traslada a otros lugares y recibe en su habitación tantos otros gracias a ese dispositivo de personajes que crean, y creando hacen sus ideas carne y hueso. Mientras *En la ventana* es un retablo de estas proyecciones, *Rafa soy yo* es casi un manual de dramaturgia sobre cómo aplicar esa dramaturgia del «mientras escribo», como en *El chico de la última fila* de Mayorga. Este teatro de las proyecciones me hace relacionar *En la ventana* con la obra de Luis Sorolla y Juan Paños *La revolución*. Artefactos que se construyen y se destruyen para volver a construirse y destruirse, porque con tanta notificación y tanto pensamiento intrusivo se nos ha roto la linealidad. Y qué maravillosas propuestas nos está dejando esta investigación con la forma de contar las ficciones.

No se me ocurre mejor forma para cerrar este prólogo y para abrir *la ventana* al texto de Cristina Hermida que las propias palabras de la autora en una de sus obras breves *(Obra diaria 5)*:

> Aquello le hizo ganar un premio muy importante en el colegio, aunque ya se sabe que los fallos de los premios literarios, a veces, se dejan llevar demasiado por corrientes alternativas y de experimentación y pierden el foco, pero no era esta la ocasión, su premio era merecido.

Eva Mir

En la ventana

Cristina Hermida

A Tiago

La única felicidad que tienes es escribir algo nuevo, en plena noche, con las axilas húmedas, el corazón palpitante, algo que no ha visto nadie todavía. Solo tienes esos momento breves, frágiles, no probados, de regocijo en los que lo sabes: eres un genio.

«Cómo hacerse escritora», LORRIE MOORE

PERSONAJES

Una opción con tres actrices y un actor

Autora

Planta / doctora / trabajadora del súper/ madre /oveja rosa

Mujer asomada a la ventana / mejor amiga / oveja amarilla

Google / vendedor / Henry

ESPACIO

En una ventana.

Y en una pantalla.

TIEMPO

Lo que dura escribir esta obra.

AUTORA:

Es 1 de agosto de 2023, martes, y me siento a escribir. En menos de una semana se cierra la convocatoria del LEB FESTIVAL (Primer Premio de Textos Escénicos LEB-CTMT con la colaboración de la AAT), y yo estoy en Madrid y tengo días libres. Así que escribo esto, este texto que dice que hay una convocatoria y que tengo días libres y del que se deduce que es un intento de presentarme a esa convocatoria de la que ayer miré las bases, las leí, un poco en diagonal, a decir verdad, y solo recuerdo nuevos lenguajes y dos ovejas, una rosa y una amarilla que se miran, un poco entre sí, un poco a ti, un poco a ninguna parte, y sobre las que pensé en escribir una escena. La escena no es esta. Esa escena vendrá después cuando me quede sin ideas.

Ahora tengo ideas.

Tengo la idea de encerrarme a escribir varios días, por ejemplo. De ejercer sobre mí misma un fructífero confinamiento voluntario. Por amor al arte. Por amor al teatro. Por amor a la literatura y a esta convocatoria.

PLANTA: Borra eso último.

AUTORA: Lo del encierro no iba en serio.

PLANTA: No eso no. Lo del amor y todo ese rollo.

AUTORA: ¿No te gusta?

PLANTA: No.

AUTORA: ¿Por?

PLANTA: Parece que lo haces para pelotear al jurado.

AUTORA: Es un guiño. Un pequeño toque de humor. Se sabe que no es en serio.

PLANTA: No funcionará.

AUTORA: ¿Eso crees?

PLANTA: No, no funcionará. Aparece cuando aún no te conocen y no se entiende. Y como broma es mala, además.

AUTORA: Puede sorprender.

PLANTA: ¿Qué quieres conseguir?

AUTORA: ¿Qué quiero conseguir?

PLANTA: Qué quieres conseguir.

AUTORA: Quieres que te explique lo que quiero conseguir.

PLANTA: Era una pregunta retórica.

Silencio.

Pero no sé qué quieres conseguir.

AUTORA: ¿Y lo del encierro?

PLANTA: ¿Qué?

AUTORA: ¿Qué te ha parecido?

PLANTA: ¿La idea del encierro?

AUTORA: Sí.

PLANTA: ¿Tienes drogas?

AUTORA: ¿Cómo?

PLANTA: Alcohol, porros, MDMA, coca…

AUTORA: No.

PLANTA: ¿Nada?

AUTORA: No.

PLANTA: *Shit.*

AUTORA: ¿Perdona?

PLANTA: Mierda.

AUTORA: ¿Qué?

PLANTA: *Shit.*

AUTORA: ¿Es una droga?

PLANTA: ¿El qué?

AUTORA: El *shit*.

PLANTA: No, joder, es mierda. Mierda en inglés.

AUTORA: ¿Me estás vacilando?

PLANTA: La peña habla *así* ahora.

AUTORA: ¿*Así* cómo?

PLANTA: *Así*.

AUTORA: *Así*.

PLANTA: Sí.

Silencio largo.

Si no va en serio no sirve de nada.

Pausa.

PLANTA: Me refiero al encierro. Si no lo haces en serio no tiene gracia. Era la única parte interesante, la premisa que sostenía el texto. Que te encierres seis días a escribir de verdad. Sin salir de casa. Que tal y como viene la idea no lo pienses y te obligues a estar delante de la pantalla y a teclear pase lo que pase. ¿Que hay un terremoto? Delante de la pantalla. ¿Que se hunde Google? Delante de la pantalla. ¿Que tienes un brote de urticaria? Delante de la pantalla. ¿Que se declara La Tercera

República? Delante de la pantalla. ¿Qué no nace el hijo de tu mejor amiga? Delante de la pantalla. Delante de la pantalla. Delante de la pantalla.

AUTORA: Pero...

PLANTA: ¡Chsst! ¿Que se te aparece Hemingway?

AUTORA: Delante de la pantalla.

PLANTA: ¿Beckett?

AUTORA: Delante de la pantalla.

PLANTA: ¿Pinter?

AUTORA: Delante de la pantalla.

PLANTA: ¿Dios?

AUTORA: ...

PLANTA: ¿Dios?

AUTORA: ...

PLANTA: ¿DIOS?

AUTORA: Delante de la pantalla.

PLANTA: Exacto.
Todo.
Siempre.
Delante de la pantalla.

AUTORA: ¿Y si no hay pantallas?

PLANTA: Habrá pantallas.

AUTORA: Pero/

PLANTA: ¿Es que no lo ves? No somos más que eso. Texto escrito en una pantalla. Algo tan nimio, tan insustancial como eso.

AUTORA: Habla por ti. Yo soy escritora.

PLANTA: Eres un personaje de tu propia obra.

AUTORA: Discursos de autoficción no, ¿eh? No soporto la autoficción.

PLANTA: No es autoficción, es metateatro.

AUTORA: Lo que sea. *(Pausa.)* Y una cosa más.

PLANTA: ¿Qué?

AUTORA: Lo otro que has dicho. Eso sí que no.

PLANTA: ¿Qué otro?

AUTORA: Lo otro.

PLANTA: ¿Qué otro?

AUTORA: Tiago va a nacer.

PLANTA: ¿Tiago?

AUTORA: Sí.

PLANTA: Ese es el… ¿bebé?

AUTORA: ¿Me lo preguntas?

PLANTA: Es que no lo sé. No sé cómo se llama a alguien que no ha nacido.

AUTORA: Se llama Tiago.

PLANTA: Ya, ya. Pero, ya sabes… igual da mala suerte nombrarlo.

AUTORA: Nombramos lo que existe.

PLANTA: Por eso.

AUTORA: Tiago existe.

PLANTA: ¿Tú le has visto?

AUTORA: Está en el útero de mi amiga.

PLANTA: ¿Le has visto?

AUTORA: Hay ecografías.

PLANTA: ¿Le has visto?

AUTORA: No.

PLANTA: Entonces no puedes estar segura.

AUTORA: Pero se mueve. He puesto la mano en la tripa y se ha movido. Lo he sentido aquí.

PLANTA: Nunca se sabe lo que puede pasar.

AUTORA: No va a pasar nada. Nunca pasa.

PLANTA: Nunca pasa hasta que pasa.

AUTORA: Se acabó. No voy a escucharte más. Voy a bajar la persiana.

PLANTA: ¡No! ¡No! ¡Por favor! ¡La persiana, no! ¡No!

AUTORA: Pues deja de decir esas cosas.

PLANTA: Vale.

Silencio largo.
La autora bebe agua.
Se levanta.
Estira un poco.
Vuelve a sentarse, preocupada.

AUTORA: No tenemos certeza de nada. Tienes razón.

PLANTA: ¿Yo?

AUTORA: Eso has dicho.

PLANTA: Habrás sido tú.

AUTORA: ¿Yo?

PLANTA: Sí. Tú.

AUTORA: Imposible.

PLANTA: Yo nunca digo nada que tú no escribas.

Pausa.

Esta *pausa*, por ejemplo. Está escrita. Tú has escrito *Pausa* y cuando llegamos a esta parte yo hago una pequeña pausa. Así cada día.

AUTORA: Te equivocas. Yo no la escribí. La pausa ya estaba ahí.

PLANTA: ¿Desde cuándo?

AUTORA: Desde el principio.

PLANTA: Entonces es el principio.

AUTORA: Es un principio.

PLANTA: ¿Hay varios?

AUTORA: Infinitos. El principio de este momento, por ejemplo. Ese principio solo puede darse ahora. No hay un principio de lo que no ha pasado hasta ahora, pero dentro un segundo, se dará otro principio en el que pueden pasar cualquiera de las cosas que no pasaron hasta ahora.

PLANTA: ¿Cualquiera?

AUTORA: Si hay un principio hay una posibilidad.

PLANTA: ¿Esta escena es posible porque ya ha empezado?

AUTORA: Comienza ahora.

PLANTA: Llevamos un rato hablando.

AUTORA: Eso era otra cosa.

PLANTA: ¿Qué cosa?

AUTORA: Otra cosa.

PLANTA: ¿Cuál?

AUTORA: Otra.

PLANTA: ¿Cuál?

AUTORA: Otra que ya fue.

Nos quedamos en silencio. Cierro los ojos. El sol me da en la cara y por un instante imagino que podría dormir en un rayo de sol si fuera constante. Hay países donde no da el sol, pienso. Hay ciudades donde la vida es entre nubes.

Me gusta este lugar. Me gusta esta ventana. Me gusta que entre el sol. Me gusta el golpe del calor en mi rostro. Sentir la vida dentro de mí. Sentirla segundo a segundo atravesando todas las capas que mi cuerpo ha construido. Me gusta que golpee mi dermatitis, mis rasgos atópicos y atípicos. Mis heridas en la piel. Que las seque, como seca la humedad de la ropa mojada. Como seca las lágrimas. Como seca mi pelo a esta misma hora. Me gusta que se haga escarcha. Que me convierta en pez con escamas. En pez de sol y tierra. Pez sin picor. Vengo de la tierra del agua. Tengo sed ahora.

Tengo sed.

PLANTA: Bebe.

AUTORA: Si bebo dejo esto.

PLANTA: Ya lo has dejado.

AUTORA:

Bebo. Siento bajar el agua por mi garganta. Lo necesito. Se queda una gota en mi labio y no la quiero retirar. Quiero seguir aquí. Inmóvil. Solo dedos, ojos y parpados. Al sol. Bendito sur. Bendito sol. Bendita hora mediterránea.

He dejado el agua junto a la ventana.

¿Lo verán en Netflix?

¿Lo sabrán en Google?

Ya lo saben. Ya saben que me he encerrado en casa a escribir. Ya saben lo de Tiago. Lo de las ovejas. Ya saben que hablo con mi planta. Ya saben que estoy bien al sol. Lo he pensado. Lo he escrito.

Mi ordenador está conectado a Google.

Mi cursor está conectado a Google.

Mi cerebro está conectado a Google.

Mi algoritmo se está modificando mientras escribo esto.

Palabras clave: metalenguaje, escritura, Google, sol, agua, sed.

Me llega un email.

GOOGLE: ¿Quieres el sol siempre contigo? Es una cuota de suscripción mensual. Puede ser básica o premium. La cobertura básica se comparte con el vecindario que tenga tu misma orientación y garantizamos la ausencia casi completa de nubes. La premium es cobertura individual y garantizamos ausencia completa de nubes, luna y estrellas.

Oferta disponible hasta final de verano.

AUTORA: ¿Y cuando sea de noche?

GOOGLE: Nunca será de noche.

AUTORA: ¿Y cuando quiera dormir?

GOOGLE: No dormirás.

AUTORA: Pero tendré sueño.

Silencio.

¿Y cuando tenga sueño?

Silencio.

¿Y cuando tenga sueño?

GOOGLE: ¿Tienes Netflix?

AUTORA: No.

GOOGLE: Estamos jodidos.

AUTORA: ¿Somos plural?

GOOGLE: Soy publicidad y esto es marketing, cariño.

AUTORA: ¿Cómo?

GOOGLE: Descarga nuestra aplicación y descubre todas las novedades.

Pausa.

AUTORA: ¿Y si tuviera Netflix?

GOOGLE: Todo cambiaría. Netflix ha erigido un Nuevo Sol que se alimenta con la corriente que todos utilizamos para ver sus contenidos. Por eso ha subido la luz. Hay que alimentarlo. Está controlado por una IA y es completamente artificial. Emite rayos ultravioletas como los del sol y si te mueves, te lo puedes llevar contigo.

AUTORA: ¿Me puedo llevar el Sol?

GOOGLE: Solo si eres premium-premium-plus-premium.

AUTORA: Doble premium-plus-premium.

GOOGLE: Premium-premium-plus-premium.

AUTORA: Eso he dicho.

GOOGLE: ¿Lo quieres o no?

AUTORA: ¿Qué ventajas tiene?

GOOGLE: Las que tendrías con cualquier otro producto de Netflix. Pero en vez de contenido en la pantalla, tienes el contenido en tu ventana. Siempre que tengas ventana, claro.

AUTORA: ¿Y siempre es de día?

GOOGLE: Todo el rato.

AUTORA: ¿Y si no quiero?

GOOGLE: Querrás.

AUTORA: ¿Y si quiero dormir?

GOOGLE: Netflix.

AUTORA: Pero/

GOOGLE: Comes con Netflix.
Cagas con Netflix.
Viajas con Netflix.
Escribes con Netflix.
Corres con Netflix.
Cocinas con Netflix.
Trabajas con Netflix.
Limpias con Netflix.
Hablas con Netflix.
Ries con Netflix.

Lloras con Netflix.

Gritas con Netflix.

Cantas con Netflix.

Besas con Netflix.

Devoras con Netflix.

Sueñas con Netflix.

Descansas con Netflix.

Sufres con Netflix.

Enfermas con Netflix.

Enloqueces con Netflix.

Agonizas con Netflix.

Envejeces con Netflix.

Consumes con Netflix.

Vives con Netflix.

Follas con Netflix.

Morirás con Netflix.

AUTORA: ¿Has dicho morirás?

GOOGLE: Dormirás. He dicho dormirás.

Pausa.

AUTORA: ¿Y puedo bajar la persiana?

GOOGLE: ¿Qué persiana?

AUTORA: La persiana.

GOOGLE: ¿Qué persiana?

AUTORA: Para tapar el sol.

GOOGLE: No se puede tapar el sol, ya te lo he dicho.

AUTORA: ¿Y si no lo quiero?

GOOGLE: Desenchufas.

AUTORA: Pero/

GOOGLE: Desenchufas.

AUTORA: ¿Y las plantas?

GOOGLE: ¿A quién le importan las plantas?

AUTORA: A mí.

PLANTA: Gracias.

AUTORA: No hay de qué, Fotosíntesis.

GOOGLE: ¿Con quién hablas?

AUTORA:

> *Empiezo a agobiarme. Me agobia esa especie de distopía que se ha instalado en mi cabeza. Me agobia hablar con Google. Me agobia Netflix. Ya no sé si el sol que se esconde es el sol o es el Nuevo Sol de Netflix. Me imagino el cielo con una N roja gigante sobrevolando sobre nuestras cabezas. La imagen no me gusta. Quiero bajar la persiana.*
>
> *Me levanto.*

PLANTA: ¡Espera! Ahora hay una mujer asomada. ¿La ves? ¡Escribe esto, escribe esto! Lleva un vestido azul eléctrico con lunares blancos. Fuma. Un moño recoge su pelo. Su pelo canoso. Y masca chicle. Fumar y mascar chicle. Qué necesidad tenéis los humanos de hacer más de una cosa a la vez. Escribe esto también. ¿Lo estás haciendo?

AUTORA: Sí.

Es cierto, hay una mujer asomada a la ventana. Lleva un vestido azul eléctrico con lunares blancos. Fuma. Un moño recoge su pelo. Su pelo canoso. Y masca chicle. Juraría que me está diciendo algo.

No la oigo, pero lo imagino.

MUJER ASOMADA A LA VENTANA: Abre la ventana. Escápate.
Yo te cubro.

AUTORA: Señora, ¿qué dice? No nos conocemos.

MUJER ASOMADA A LA VENTANA: Te presto una escalera. La coloco a los pies de tu ventana y sales. No soporto verte ahí, horas y horas encerrada. Me parte el alma.

AUTORA: No hace falta, gracias. Estoy bien.

MUJER ASOMADA A LA VENTANA: Pero cómo vas a estar bien, mujer. Déjame ayudarte.

AUTORA: Estoy bien, de verdad.

MUJER ASOMADA A LA VENTANA: ¿Quieres que te prepare comida? Te subo unas tarteras a polea.

AUTORA: No, no, no. Si estoy de vacaciones.

MUJER ASOMADA A LA VENTANA: ¿Y por qué no sales?

AUTORA: Estoy escribiendo.

MUJER ASOMADA A LA VENTANA: ¿Qué escribes?

AUTORA: *Esto.*

MUJER ASOMADA A LA VENTANA: ¿Cómo?

AUTORA: Una obra de teatro.

MUJER ASOMADA A LA VENTANA: A mí me encanta el teatro. Fui el año pasado a ver *Burundanga* y lo que me reí. Buenísima. Buenísima. La has visto, ¿no?

AUTORA: No.

MUJER ASOMADA A LA VENTANA: ¿No la has visto?

AUTORA: No.

MUJER ASOMADA A LA VENTANA: ¿No?

AUTORA: No.

MUJER ASOMADA A LA VENTANA: ¿No?

AUTORA: No.

MUJER ASOMADA A LA VENTANA: ¿No?

AUTORA: *¿Burundanga?*

MUJER ASOMADA A LA VENTANA: *Burundanga*, sí.

AUTORA: Ah. Sí. Sí.

Silencio.

Buenísima. Me encantó.

MUJER ASOMADA A LA VENTANA: ¿Verdad?

AUTORA: Sí. Sí, sí.

> *Suena el teléfono.*
>
> *Es mi mejor amiga. Me pregunta qué tal voy.*
>
> *Fatal. Estoy agotada, le digo.*
>
> *Me aconseja dormir.*
>
> *Le hago caso y me acuesto un rato.*
>
> *Paso así varias horas, en un lugar que no es aquí ni es allí.*
>
> *Duermo.*
>
> *Sueño.*
>
> *En el sueño llamo a mi mejor amiga y le cuento que estoy escribiendo una obra feminista, queer, inclusiva, integradora, solidaria, accesible e internacional.*

Como el Festival.

Bueno, internacional no mucho, en realidad. Pero todo lo demás sí.

Todo acaba en e.

Sucede en un poblade y es algo así como una distopía analógica.

MEJOR AMIGA: ¿Una distopía analógica?

AUTORA: No existen los datos. Ni internet ni nada de eso. Y los personajes tienen todos nombres neutros.

MEJOR AMIGA: No sigas por ahí.

AUTORA: ¿Qué pasa?

MEJOR AMIGA: Ya sabes lo que pasa.

AUTORA: No sé lo que pasa.

MEJOR AMIGA: Sí sabes.

AUTORA: ¿Sí sé?

MEJOR AMIGA: Sí.

AUTORA: ¿Y qué sé?

MEJOR AMIGA: Sabes.

AUTORA: Deberíais replantearos algo.

MEJOR AMIGA: ¿Quién?

AUTORA: Vosotros.

MEJOR AMIGA: ¿Nosotros?

AUTORA: Vosotros.

MEJOR AMIGA: ¿El qué?

AUTORA: El nombre de vuestro hije.

MEJOR AMIGA: Tía, en serio.

AUTORA: Tiago no es nombre neutro. En el poblade no/

MEJOR AMIGA: ¿Qué poblado?

AUTORA: Poblade. Acabado en e. La obra sucede en un poblade que/

MEJOR AMIGA: Ni se te ocurra escribir sobre mi hijo.

AUTORA: Ya te he dicho que no sale.

> *En ese momento suenan las campanas. Me despierto. Estoy sudando.*
>
> *Hace muchísimo calor y me pica todo el cuerpo.*
>
> *Me levanto. Bebo café.*
>
> *Me siento a escribir.*

El picor no desaparece. Miro mi piel. Tengo un brote de urticaria.

Me doy una ducha fría.

No quiero tomarme el antihistamínico, me da sueño y con sueño no puedo concentrarme. Con el picor tampoco. Pido cita con mi doctora. Cita telefónica. Hay hueco ahora. Es Madrid. Es agosto. La gente está de vacaciones.

DOCTORA: ¿Qué te pasa?

AUTORA: Me ha salido una urticaria. Tengo ronchas rojas en las piernas y me pica indiscriminadamente. Es un picor salvaje. Y yo no me rasco y aunque no me rasque, pica. Y no me rasco. Y aunque no me rasque, brota. Brota y yo no me rasco. No me rasco, ¿me oye? Y brota. Brota, e intento pensar en otra cosa, hacer otra cosa, intento, por ejemplo, escribir, intento escribir, pero es que ya no puedo ni escribir porque toda mi piel son ronchas y mis manos no rascan, eh, mis manos quietas y mi piel en brote y mi cuerpo en pausa por fuera y ardiendo por dentro y mi piel roja y mis manos quietas y yo no me rasco. Yo no me rasco. No puede verme pero yo no me yo no me le digo que yo no me/

DOCTORA: Tienes que tranquilizarte.

AUTORA: No lo entiende. Soy una cañería escupiendo. Escupo ronchas. Ronchas rojas. Ronchas inflamadas. Ardor. No tengo ningún control solo ardor. Ardor y ardor y ardor.

DOCTORA: ¿Cuándo ha empezado?

AUTORA: Y trato de pensar en otra cosa, es lo que dicen que hay que hacer, pensar en otra cosa y pienso, por ejemplo, en usted y en que me dirá que no se conoce la causa, como la última vez, que no se conoce la causa y que esperemos al dermatólogo o al alergólogo porque esto también puede ser cosa del alergólogo. De quien sea, en realidad da igual porque lo que hay que hacer de una forma u otra es esperar, esperar unos meses muchos meses demasiados meses, y solo de pensarlo me desespero y trato de ir más allá, de pensar más allá y pienso en la gente que en agosto vamos o llamamos al médico y en que seguro que lo hacemos porque no estamos de vacaciones porque en agosto todos deberíamos estar de vacaciones. También usted.

DOCTORA: ¿Te notas estresada últimamente?

AUTORA: No lo sé. Puede.

DOCTORA: ¿Desde cuándo?

AUTORA: Desde que acabé la carrera, igual.

DOCTORA: ¿Hace cuánto de eso?

AUTORA: Unos ocho años.

> *Y pienso en los veinticinco. Cuando aún estudiaba arquitectura y no me planteaba escribir. Y pienso en la arquitectura, en los pasillos, en las noches sin dormir y en el café.*

Bebo café desde entonces. Bebo café todo el rato. Hoy he bebido café antes de llamarla. Igual es eso. Igual es el exceso de café.

DOCTORA: Te voy a recetar antihistamínico.

AUTORA: No. No, no, no. Antihistamínico no, por favor.

DOCTORA: Necesitas tomar antihistamínico para controlar el brote.

AUTORA:

> *Y pienso más.*
>
> *Pienso más.*
>
> *Pienso más.*
>
> *Pienso en una excusa.*

No puedo dormir.

DOCTORA: ¿Tienes insomnio?

AUTORA: No. No puedo quedarme dormida.

DOCTORA: ¿Por?

AUTORA: Es mi perro. Tiene quince años. Está muy mayor y muy enfermo y necesito estar despierta por si le pasa algo. Si se muere y no estoy ahí para él no me lo perdonaría nunca. Yo, no mi perro. Digo que yo no me lo perdonaría nunca a mí, mi perro sí. O no. No lo sé porque estaría muerto y yo supongo que al morir pues lo perdonamos ya todo, ¿no? Llevarse el odio a la otra vida, suponiendo que la haya, digo, claro, llevarse el odio, no tiene mucho sentido. Yo no lo haría. Si es que se opta por algo al morir, si se puede optar por algo. No sé. Y espero seguir sin saberlo porque significará seguir viva. Seguir ahí para él.

Seguir despierta. Cerca.

Por eso no puedo quedarme dormida.

No cuela.

Me receta el mismo antihistamínico que la otra vez. Ebastina 20mg.

Me juro a mí misma no tomarlo.

Tres horas después estoy dormida en el sofá. Chutada y sin brote.

Cuando me despierto es jueves.

Ha pasado un día más.

No sé cuánto tiempo hace que no como.

He perdido la noción.

Llamo a mi mejor amiga. No contesta.

Vuelve el hambre.

Hay un supermercado al lado de mi casa. Al lado significa justo enfrente. Es el único comercio que se ve desde mi ventana. Parece una señal y lo veo más cerca que nunca.

Casi puedo tocarlo. La boca se me hace agua. Busco el número en internet y llamo. Doy con una trabajadora:

Buenos días, me gustaría hacer un pedido.

TRABAJADORA DEL SÚPER: Usted dirá.

De repente no sé qué pedir. No sé qué quiero. Digo cualquier cosa.

AUTORA: Quiero pan.

TRABAJADORA DEL SÚPER: Pan, muy bien. ¿De qué tipo? Baguette, chapata, integral…

AUTORA: Integral. Tres barras.

TRABAJADORA DEL SÚPER: ¿Algo más?

AUTORA: Una caja de cereales de chocolate y dos paquetes de galletas Príncipe. Y acelgas.

No sé por qué he dicho acelgas.

TRABAJADORA DEL SÚPER: ¿Acelgas?

AUTORA: Sí. Dos kilos. Bien fresquitas. Tengo anemia.

TRABAJADORA DEL SÚPER: Para la anemia mejor espinacas.

AUTORA: ¿Espinacas?

TRABAJADORA DEL SÚPER: Van ideales. Espinacas y alcachofas.

AUTORA: Pues espinacas y alcachofas.

TRABAJADORA DEL SÚPER: ¡Ay! Pero espinacas no tenemos, no es temporada. ¡Qué pena! Le pongo las acelgas.

AUTORA: Las alcachofas.

TRABAJADORA DEL SÚPER: ¿Alcachofas también?

AUTORA: ¿Cómo?

TRABAJADORA DEL SÚPER: ¿Y acelgas?

AUTORA: Acelgas no.

TRABAJADORA DEL SÚPER: Para la anemia, mujer.

AUTORA: ¿Para la anemia no son mejor alcachofas?

TRABAJADORA DEL SÚPER: Espinacas.

AUTORA: Pues espinacas.

TRABAJADORA DEL SÚPER: No tenemos. No es temporada.

AUTORA: Póngame las alcachofas y listo.

TRABAJADORA DEL SÚPER: Recuerde que la verdura está en oferta: acelgas, pimientos verdes, rojos, amarillos, brócoli, repollo, berenjena, calabacín, judías verdes, lechuga, tomate, tomate pera, rama, de la huerta/

AUTORA: Alcachofas. Solo quiero alcachofas.

TRABAJADORA DEL SÚPER: ¿Y las acelgas?

AUTORA: ¿Qué?

TRABAJADORA DEL SÚPER: ¿Las quitamos?

AUTORA: ¡Hace dos horas que las quitamos!

TRABAJADORA DEL SÚPER: Chica, como están de oferta...

AUTORA: ¡Pues ponlas, ponlas también!

TRABAJADORA DEL SÚPER: Estupendo. Pues son tres barritas de pan integral, las galletas, los cereales, las alcachofas y las acelgas en oferta que hacen un total de... trece con cincuenta. ¿Lo quiere dejar pagado?

AUTORA: Sí. ¿Cuánto tardarán en enviármelo?

TRABAJADORA DEL SÚPER: Tendrá que venir a recogerlo. No hacemos entrega a domicilio.

AUTORA: ¡¿Qué!? No, no. No puedo ir. No tengo tiempo. ¿Podrían acercármelo? Vivo enfrente.

TRABAJADORA DEL SÚPER: Podríamos guardárselo.

AUTORA: Tardaré días. Necesito comer algo ahora. ¿Usted ha comido?

TRABAJADORA DEL SÚPER: No. Aún no.

AUTORA: ¿Se ha llevado túper?

TRABAJADORA DEL SÚPER: ¿Cómo?

AUTORA: Se lo compro. Le hago un Bizum.
¿Cuánto quiere que le pague? Le pago. Le pago lo que quiera.

TRABAJADORA DEL SÚPER: Tengo que colgar.

AUTORA: Venga, diga una cifra.

TRABAJADORA DEL SÚPER: Tengo que regresar al trabajo. Dis/

AUTORA: Espere, espere, por favor…

Silencio.

¿Sigue ahí?

TRABAJADORA DEL SÚPER: Sí. No sé por qué, pero sí.

AUTORA: Escuche. *(Pausa.)* ¿Y cruzar la calle? ¿No le interesa cruzar la calle y traerme la compra por cinco euritos?

TRABAJADORA DEL SÚPER: No.

AUTORA: ¿Siete?

TRABAJADORA DEL SÚPER: No.

AUTORA: ¿Diez? ¿Diez euritos?

TRABAJADORA DEL SÚPER: Voy a colgar.

AUTORA: Pero, oiga, oiga. Espere. Escúcheme. Salga un segundito a la acera. Si sale me verá. Estoy en la ventana.

TRABAJADORA DEL SÚPER: No puedo moverme del puesto.

AUTORA: Desde mi casa veo la sección de lácteos. Acérquese y mire enfrente, al segundo piso. Estoy viendo a su compañero.

TRABAJADORA DEL SÚPER: Le he dicho que no puedo moverme del puesto.

AUTORA: Pues dígale a su compañero que mire. Solo eso. Al chico de gafas. Le veo desde aquí. Con la camisa de rayas, y el pelito de lado… dígale que mire.

> *Unos segundo más tarde estoy guiñando un ojo al chico de gafas. ¿Estoy ligando? Estoy ligando. Hace cinco días que me visto en chándal, pero me creo con posibilidades de seducir al chico del súper. Tal es mi estado de necesidad. Él se retira de la ventana. Claro. Él aún no se ha vuelto loco.*

> *¡Ojo! Que vuelve al cristal y me saluda con la mano.*

> *Le sonrío.*

> *Me sonríe.*

> *Le lanzo un beso.*

> *Me lanza otro.*

Dios mío, es lo más emocionante que me ha pasado en días.

Empieza a hacer un cerco de vaho en la cristalera. Uno de esos que hacen los enamorados en el espejo del baño para dejarse mensajes de amor. Escribe algo, pero no alcanzo a leerlo.

Abro la ventana y le chillo que no veo. No sirve de nada porque él sigue dentro y no me oye. Me tapo los ojos para que entienda que no veo.

Él borra y no vuelve a escribir.

Se aleja de la cristalera y se va.

Mi historia de amor ha durado veinte segundos.

No estoy dispuesta a rendirme.

¿Sigue ahí? Dígale que se ponga.

TRABAJADORA DEL SÚPER: ¿A quién?

AUTORA: Al arcángel griego de la ventana.

TRABAJADORA DEL SÚPER: ¿Qué arcángel? ¿Qué dice?

AUTORA: Al chico de camisa de rayas.

TRABAJADORA DEL SÚPER: Todos llevamos camisa de rayas.

AUTORA: Dígale que le quiero.

TRABAJADORA DEL SÚPER: ¡¿Pero de quién me habla?!

AUTORA: De Henry.

TRABAJADORA DEL SÚPER: ¿Quién es Henry?

AUTORA: Su compañero. El chico de los lácteos.

Me cuelga. Cuando oigo el pitido al otro lado del teléfono soy consciente de que debería haber sucedido hace mucho tiempo.

Paso horas recordando el pitido y mi plan fallido.

Duermo.

Es el día siguiente y sigo pensando en ayer. No en el plan si no en él, en Henry. Miro por mi ventana y no está. Tampoco está la mujer que se asoma a la ventana, ni la trabajadora con la que hablé por teléfono. No hay nadie. Le echo de menos. Imagino nuestra vida si ayer no hubiera sido ayer y hoy no fuera hoy. Nuestra vida dentro de un par de años, cuando seamos una de esas parejas que hablan de hipotecas y de futuro.

Hablemos de hipotecas y de futuro.

HENRY: Es mi sueño.

AUTORA: ¿Una hipoteca?

HENRY: Hablar de una hipoteca. Hacer números. Ver anuncios en Idealista sobre casas que no puedo comprar. Mantener alertas, ilusionarme y hundirme cuando el precio baja diez putos euros.

AUTORA: Podemos no hacerlo.

HENRY: Quiero hacerlo. Quiero pasarme la tarde haciendo números imposibles.

Coge un papel y un boli.

Es solo que no entiendo por qué hacemos números. Sabemos lo que va a pasar. Vamos a sentarnos aquí, ilusionados y nos vamos a levantar cabreados. Enfurecidos con el sistema, pero sintiéndonos bien por haberlo intentado. Víctimas del capital, indefensos. Entonces tú sacarás el inevitable tema, ese que te ronda desde que inocentemente me has preguntado por la hipoteca y el futuro, ese que nos sobrevuela y que estratégicamente habrás evitado argumentar hasta que yo esté ya demasiado cansado para refutarte: ¡La dionisiaca vida en el campo!

AUTORA: La ciudad está impagable, Henry. Al menos yo propongo soluciones.

HENRY: ¡Quién no quiere vivir entre lechugas!

AUTORA: Si vas a empezar con tus desprecios lo dejamos aquí.

HENRY: ¡Por dios!

AUTORA: ¿Qué?

HENRY: ¡Son lechugas!

AUTORA: ¿Y qué?

HENRY: ¡¡¡Son lechugas!!!

AUTORA: ¡No es la lechuga, es lo que significa!

HENRY: ¡La semiótica de la lechuga!

AUTORA: La semántica. Se dice semántica.

HENRY: ¡Qué más da! Estamos discutiendo por gilipolleces. ¿Tú te has puesto alertas? ¿Te has puesto alertas para buscar casa entre lechugas? Porque yo sí. ¡¡¡Yo sí!!! Yo tengo desde Villalba hasta Vallecas marcado en Idealista. Que me sale un anuncio cada putos cinco minutos. ¡Y no hay lechugas! ¡No hay casas con huertos ni espacio para tus plantas! ¡Hay pisos de mierda con muebles de mierda en bloques de mierda que valen un riñón! Y yo miro y miro y miro, pero es que a la señorita arquitecta no le vale nada. ¡No tiene luz, es norte, es sur, es este, es oeste, es pequeño, es ático, es suelo radiante y el aire caliente baja, la calefacción no es central, la luz no es eléctrica, el agua no es líquida, la ducha no está en el baño, el baño no tiene ventana y la ventana no da a un jardín japones diseñado por un arquitecto de Tokio con un máster en paisajismo! ¡No, no, no! ¡No podemos comprar este piso, cariño! ¡No!

AUTORA: El aire caliente sube.

HENRY: ¿Qué?

AUTORA: Has dicho que el aire caliente baja y el aire caliente sube.

HENRY: ¿Me has escuchado? ¡Qué más da hacia dónde va el puto aire!

AUTORA: Da, cariño, da. No es lo mismo un suelo radiante que un sistema de climatización por aire.

HENRY: A mí me da igual. Me da igual. ¿No lo ves? ¡¡¡Me da igual!!!

Se levanta.
Suena su móvil: Tiene una nueva alerta de Idealista. Uno de los anuncios ha bajado de precio. ¿Desea hacer una oferta?

AUTORA: Nos está escuchando.

HENRY: No empecemos, por favor.

AUTORA: Nos ha oído hablar y por eso llega la alerta ahora. ¿No creerás que es casualidad? El puto algoritmo de mierda. Hay micrófonos, nos escuchan. Di una palabra, una, la que sea, la más recóndita que se te ocurra, verás como nos escucha.

HENRY: Me da igual que me escuchen. Me da igual. Hola, soy Henry y quiero encontrar un puto piso al que irme a vivir con mi novia ¡Hola! ¡¡¡Holaaaaaaa!!!

AUTORA: No tiene gracia.

HENRY: ¿Y qué hacemos? ¿Nos aislamos en el campo y esquilamos ovejas? ¿Esa es tu solución? Nos quitamos internet, nos quitamos Instagram, Google, Spotify... nos lo quitamos todo, nos convertimos en monjes budistas entre lechugas. ¿Quieres eso?

AUTORA: Yo solo digo que/

HENRY: ¿Quieres que lo miremos? Lo miramos. Vamos a mirar la alerta ahora mismo. A ver cuánto tardas en encontrar una tara al piso.

AUTORA: No hace falta.

HENRY: ¿Quieres? ¡Vamos a mirarlo!

AUTORA: Que no, no/

HENRY: No tengo ningún problema en mirarlo ¿eh? Lo miramos y salimos de dudas. Yo lo tengo muy claro, se lo que ven mis ojos en el correo cada día, pero si quieres que lo mire, lo miro. ¿Lo miro?

AUTORA: ¿Sabes a qué huele Madrid?

HENRY: ¿Qué?

AUTORA: Contesta. ¿Sabes a qué huele?

HENRY: ¡Yo qué sé a qué huele! ¿A gasolina?

AUTORA: Huele a Tikka Masala.

HENRY: Dices eso porque sabes que odio la comida india.

AUTORA: No. Digo eso porque he vivido en Madrid. ¿Tú has vivido en Madrid? No. Tú no has vivido en Madrid. Tú quieres vivir en Madrid, pero no has vivido.

HENRY: ¿Y qué?

AUTORA: Mira por la ventana y piensa que esos ladrillos que ves, esa luz, no estarán. Que vivirás en un bajo de un bloque de diez pisos en una habitación cuya ventana da a un patio interior al que no llega la luz. Esos patios donde hacen eco las persianas y donde la gente no se conoce porque siempre está a oscuras y solo lo iluminan los fluorescentes de las cocinas o los flexos de algunas habitaciones que dan a él.

HENRY: ¿Por qué tengo que imaginar eso?

AUTORA: Porque es la realidad de lo que podemos pagar si nos vamos al centro.

HENRY: Pero podemos/

AUTORA: Un frutal tarda diez años en crecer, Henry.

HENRY: ¿Y quién está hablando de frutales? ¡Yo estoy hablando de comprarnos un piso!

AUTORA: En Madrid.

HENRY: Sí, en Madrid.

AUTORA: Me ahogo solo de pensarlo. Ese es el problema. Me ahogo porque he vivido ahí. He vivido ahí y he compartido piso, un piso como el que tú y yo podríamos compartir mañana para pagar una de esas hipotecas que te iluminan los ojos. Y resulta, Henry, resulta que cuando vuelves a casa la realidad es otra. Resulta que has dejado la ventana abierta y a la vuelta todo tu cuarto huele a Tikka Masala porque tu compañera de piso vegetariana ha cocinado cuscús indio y ha abierto la terraza del tendedero para ventilar. El tendedero donde da la ventana de tu cuarto, para ser exactos. Y a partir de ahí da igual lo que hagas porque todo huele a Tikka Masala. Tus paredes huelen a Tikka Masala, el gotelé y las grietas también. Te agachas, te arrodillas, y en las vetas de la madera del suelo huele a Tikka Masala, en tu ropa huele a Tikka Masala, en las suelas de tus propios zapatos huele a Tikka Masala. Has empezado a limpiar por toda la habitación, piensas hasta en pintar, pero el olor volverá porque ella volverá a cocinar y el tendedero volverá a oler. No puedes tener a tu compañera sin comer. No puedes tener el cuarto sin ventilar. Estás atrapado. Hagas lo que hagas, vivirá contigo. Te desnudas. Hueles a Tikka Masala. Te duchas. Frotas todo tu cuerpo, te cambias de ropa y sales a la calle y te da la sensación de que todo el portal, de que tu bici, de que la moqueta y las luces, las farolas y la acera, el cielo, las nubes y el sol, todo, huele a Tikka Masala. Que no puedes hacer nada y que va contigo a donde quiera que tú vayas. Entonces caminas, sin pensarlo empiezas a caminar rápido. Llegas a Lavapiés, vives cerca, claro, es lo que siempre has querido, vivir en el centro. Llegas y sientes que eres Lavapiés. Que todo tú eres Lavapiés, así que corres, empiezas a correr hacia arriba, lo más rápido que puedas. Llegas a Antón Martín, a Sol, a Fuencarral, a Bilbao, a Quevedo, coges Bravo Murillo y sigues la ascensión. El aire tarda en llegar a tus pulmones, el oxígeno se resiste y tus piernas pesan, pero tú sigues corriendo. Canal, Cuatro caminos, coges aire, más aire, sigues corriendo y estás en Tetuán. Allí las calles se estrechan y sientes que te asfixias. Tanto es así que tienes que parar. Paras y, ¿a qué huele? Dilo Henry, ¿a qué huele?

HENRY: A Tikka Masala.

AUTORA: Huele a Tikka Masala, eso es, Henry. Huele porque Tetuán es Lavapiés y porque tú ya sudas, exudas Tikka Masala. Todo tú es Tikka Masala, tu cuarto es Tikka Masala, tu casa es Tikka Masala, tu calle, tu barrio, tu ciudad es Tikka Masala. Así que solo puedes ir al campo, ¿entiendes? Solo te queda el campo. Es tu única escapatoria para salir de los patios, de los zulos, de las calles estrechas sin luz y de la tortura del Tikka Masala. ¿Entiendes? ¿Entiendes lo que te digo? ¿Entiendes por qué necesito salir?

Silencio.

HENRY: Tikka Masala o lechugas.

AUTORA: Sí.

HENRY: Hay que elegir.

AUTORA: Hay que elegir.

Nos miramos frente a frente.

Silencio.

A la vez:

HENRY: Tikka Masala.

AUTORA: Lechugas.

> *La vida condensada en una frase. Me aterra y me atrapa. Todo a la vez. Una relación que ya en su proyección se antoja inviable, imposible, y yo, que no puedo dejar de pensar en ella.*

> *Mirar por la ventana no me distrae y escribir tampoco.*

> *Llevo cinco días haciéndolo. Igual este es el final. Igual ya no queda nada por decir.*

> *Suena el teléfono.*

> *Es mi madre.*

> *Estos días me ha llamado varias veces, pero no le he cogido.*

> *Le pongo un mensaje.*

AUTORA: Mamá, estoy escribiendo, te llamo mañana.

MADRE: Ayer también era mañana.

> *¿Qué le digo?*

MADRE: No me digas mañana cuando no es mañana.

> *¿Qué le digo?*

MADRE: Si me dices mañana hablamos yo espero hablar mañana.

AUTORA: Mañana tampoco podré.

MADRE: ¿Y por qué no me lo has dicho antes?

AUTORA: Te lo estoy diciendo ahora.

MADRE: He tenido que insistirte.

AUTORA: Te lo estoy diciendo ahora.
Te lo estoy diciendo ahora.
Te lo estoy diciendo ahora.

MADRE: ¿Y cuándo podrás hablar?

AUTORA: Pronto.

MADRE: ¿Cuándo será eso?

AUTORA: En unos días. Te lo prometo.

MADRE: ¿Y si es urgente?

AUTORA: Si es urgente llámame.

> *Suena el teléfono. Es mi madre.*
>
> *No respondo la llamada.*
>
> *Le escribo.*

AUTORA: ¿Qué pasa, mamá?

MADRE: Me has dicho que te llamara si era urgente.

AUTORA: Dime qué pasa.

MADRE: Has vuelto a mentirme.

AUTORA: Mamá, por favor.

MADRE: ¿Cuántos días llevas encerrada?

AUTORA: No estoy encerrada.

MADRE: Mándame una foto.

AUTORA: ¿Qué?

MADRE: Una foto tuya ahora, mándamela.

AUTORA: No te voy a enviar nada.

MADRE: Te mando yo una y tu otra.

AUTORA: Es mi intimidad.

> *Me llega una foto de mi madre. Un selfi.*

MADRE: Me he hecho una selfi. Te toca.

Pausa.

AUTORA: Se dice un, mamá. Un selfi, en masculino.

MADRE: Es una fotografía.

AUTORA: Es una palabra diferente, viene del inglés y/

MADRE: Fotografía es femenino.

AUTORA: En inglés no hay género.

MADRE: ¿Es todo con la *e*?

AUTORA: No exactamente.

MADRE: ¿Y cómo es exactamente?

AUTORA: No tengo tiempo de hablar de esto ahora, mamá.

MADRE: Tienes que escribir, claro.

AUTORA: Sí.

MADRE: Como siempre.

AUTORA: Te llamo mañana.

MADRE: Mándame la foto.

AUTORA: Te llamo.

MADRE: Mándamela.

AUTORA: Te

MADRE: Manda

AUTORA: llamo.

MADRE: la foto.

AUTORA: Sigo escribiendo, mamá.
Te quiero.

> *Soy una persona horrible. Una hija horrible.*

> *Sin tiempo de contestar a su madre.*

Sin tiempo de hablar por teléfono.

Sin tiempo de cocinar.

Sin tiempo de comprar.

Sin tiempo de parar.

Un día más, pienso.

Solo un día más y saldrás.

Llevo la mirada fuera.

Miro por mi ventana.

Veo otras ventanas y en las ventanas gatos, plantas, abrazos, ropa, pantallas.

Y en las pantallas más gatos, más plantas, más abrazos, más ropa, más ventanas, más pantallas.

Y sigo mirando.

Y veo Sol.

No el sol.

Sino la plaza de Sol.

Y veo zapatos y sombreros y sombrillas. Sombrillas ancladas al suelo de la plaza como si fuera una playa. Y gente tumbada bajo las sombrillas que toma el sol.

Toma el sol en Sol. Pero en lugar de mirar al mar, mira al edificio de Apple.

Y veo al vendedor. Me quiere alquilar un puesto al sol en Sol.

VENDEDOR: Estamos de oferta, ochenta euros el día. Se nos ha quedado muchísimo stock hoy y está baratísimo.

AUTORA: No, si yo... se lo agradezco de veras, pero es que no puedo. Ahora mismo no estoy para relajarme. No tengo tiempo. Tengo que escribir.

VENDEDOR: Hay dos por uno. Dos sombrillas y dos tumbonas a precio de una. Y unos cascos con los que/

AUTORA: No, no, gracias. De verdad.

VENDEDOR: puedes ver el mar...

AUTORA: No me int... ¿Ha dicho el mar?

VENDEDOR: Te tumbas, te pones los cascos y lo ves.

AUTORA:

Me tumbo. Me pongo los cascos. Y en la pantalla del edifico de Apple: dos ovejas solas en mitad del campo. Una rosa y una amarilla. Un tumbada y la otra a cuatro patas. Hablan. Yo las miro.

OVEJA ROSA: ¿Dónde están todos?

OVEJA AMARILLA: Marcharon. Demasiado calor.

OVEJA ROSA: ¿Y tú?

OVEJA AMARILLA: Yo estoy bien aquí.

OVEJA ROSA: Sin calor.

OVEJA AMARILLA: Mirando allí.

OVEJA ROSA: Todo eso es campo seco.

OVEJA AMARILLA: ¿Y nosotras?

OVEJA ROSA: Nosotras aún no.

OVEJA AMARILLA: ¿No?

OVEJA ROSA: Aún no. No nosotras.

OVEJA AMARILLA: Tengo sed.

OVEJA ROSA: El campo agotó su sed.

OVEJA AMARILLA: Igual fue al revés. Igual la sed agotó al campo.

OVEJA ROSA: No mientras siga ahí.

OVEJA AMARILLA: Se puede seguir estando muerto.

OVEJA ROSA: El gerundio es el tiempo de los vivos.

OVEJA AMARILLA: ¿Y los muertos?

OVEJA ROSA: Los muertos no tienen tiempo.

OVEJA ROSA: Este momento,
este principio,
este que pasa ahora,
este que está pasando,
y se escurre
sin tiempo de ser
amarrado
nombrado,
este tiempo sin tiempo
es lo único que está pasando.

OVEJA AMARILLA: Yo necesito saber qué pasa
en este campo.
Necesito entender.
¿Para qué este campo?
¿Para qué este sol?
¿Para qué esta sed?
¿Para qué esta sequía?

AUTORA: Para escribir.
Para pensar.
Para calmarme.
Para no morir de calor.
Para no morir al sol.
Para no morir de no escribir.
Para seguir escribiendo.
Para que suceda lo que quiero que suceda.

Para imaginar una cosa aquí
y que suceda una cosa aquí.
Para imaginar campo aquí
y que haya campo aquí.
Y que ese aquí sea aquí
y estar en mitad del campo.
Estoy en mitad del campo.
Inhalo.
Estoy en mitad del campo.
Exhalo.
Salir del mundo.
Salir de aquí.
Estar en mitad del campo.
Estoy en mitad del campo.

PLANTA: Deja de decir gilipolleces.

AUTORA: ¡Fotosíntesis!

PLANTA: No estás en mitad del campo.
Hay edificios. Hay putos edificios de ladrillo por todas partes así que deja de decir que estás en mitad del campo porque no estás en mitad del campo. No hay campo, otra vez, no hay campo. ¿Qué crees que hago yo aquí en un taburete de madera del Ikea? Vives invadida de restos, invadida de objetos, invadida de taburetes que ahora sujetan plantas, zapatos, libros, incluso sujetan cojines para que se sienten las visitas que luego ponen su culo en las sillas porque los noventa grados es lo que cualquier ser humano necesita para que su cuerpo descanse, apoyar la espalda y los glúteos y distribuir su peso equitativa-

mente. Así que lo que pasa es que eres tú quien acaba sentándose en los taburetes ya sin espalda, ya sin culo, ya sin más por hacer que recoger la siembra de este campo tuyo orbitado de obsolescencia y decoraciones muertas. ¿Y de verdad crees que iba yo a permanecer aquí, decorando tu ventana, si hubiera campo?

Si hubiera campo yo estaría en el campo.

AUTORA: ¿Y las ovejas?

PLANTA: ¿Qué ovejas?

AUTORA: Las ovejas.

PLANTA: Aquí no hay ovejas.

AUTORA: Yo veo ovejas. Una amarilla y una rosa.

PLANTA: Las ovejas son de la obra que estás escribiendo.
Las dos putas ovejas fosforitas no existen.
No hay ovejas rosas.
No hay ovejas amarillas.
No existen.

AUTORA: *Aquí* todo es posible.

PLANTA: ¿*Aquí*?

AUTORA: *Aquí.*

PLANTA: ¿Qué es *aquí*?

AUTORA: Lo que no es *fuera de aquí.*

Lo que no es *fuera de campo*.

Pausa.

Esta ventana es *aquí*, por ejemplo.

PLANTA: ¿Esta ventana?

AUTORA: Solo tienes que mirar.
Mirar de verdad.
Mirar queriendo ver.

PLANTA: ¿Ver ovejas?

AUTORA: Ver cuanto sea posible.

PLANTA: Veo una caja negra.

AUTORA: ¿Y qué más?

PLANTA: Hay varas con focos, y butacas. Y gente.
Y oscuro.

AUTORA: Nada es oscuro del todo.

PLANTA: La muerte.

AUTORA: Ellos no están muertos.

PLANTA: ¿Cómo lo sabes?

AUTORA: Lo sé.

PLANTA: ¿Cómo?

AUTORA: Al final alguien ríe o tose, siempre pasa.

PLANTA: ¿Y hoy?

AUTORA: Hoy también.

PLANTA: Pero no ha pasado.

AUTORA: Pasará.

PLANTA: Quizá pase ahora.

AUTORA: Si nos callamos, quizá.
Ahora, quizá.

> *Ahora hay un silencio.*
>
> *En este instante, la gente mirando y un silencio largo.*
>
> *Ningún silencio es como otro.*
>
> *Es lo que precede y procede. Antes y después.*
>
> *Ese lugar.*

PLANTA: Oigo algo.

AUTORA: ¿El qué?

PLANTA: Es un llanto.
El llanto de un niño.
El llanto de un recién nacido.

Silencio.

PLANTA: ¿Qué pasa? ¿Por qué lloras?

AUTORA: Tráelo *aquí*.

PLANTA: No te entiendo.

AUTORA: Nómbralo.
Nombra al niño.
Nombra al recién nacido.

PLANTA: No sé su nombre.

AUTORA: Escucha el llanto y lo sabrás.

PLANTA: ¿Y si no lo sé?

AUTORA: Escucha el llanto.

Silencio.
Se escucha el llanto lejano de un recién nacido.

PLANTA: ¿Tiago?

El recién nacido sigue llorando.
Se escucha más cerca.

Tiago. ¿Eres tú?

Pausa.

¿Es Tiago?

AUTORA:

> *Mira a la autora,*
> *que escribe.*

PLANTA: ¿Has escrito esto?

AUTORA: Sí.

PLANTA: ¿Es el final?

AUTORA: Es un posible final.

PLANTA: ¿Hay ovejas?

AUTORA: Sí.

PLANTA: ¿Y campo?

AUTORA: También.

PLANTA: ¿Y sol?

AUTORA: No.

PLANTA: ¿Vas a escribir que ya no hay sol?

AUTORA: Voy a escribir que se hace el oscuro.

Se hace el oscuro.

AGRADECIMIENTOS

Gracias a Asier Andueza y a todas las personas que forman parte del Festival LEB por el apoyo y la acogida, y por generar un proyecto tan comprometido, inspirador y valiente. Gracias al jurado del Primer Premio de Textos Escénicos LEB-CTMT, por elegir este texto como ganador.

Gracias a las editoras por la confianza y el riesgo, y por cuidar cada detalle. A Eva Mir, por la generosidad de sus palabras y el cariño.

Cuando intento recordar los días en los que escribí este texto siento que soy una extraña en mi propio cerebro, desprovista de imágenes que vayan más allá de mi salón y mi pantalla. Tiene eso la escritura, que se enreda en las sandalias de un agosto madrileño y no te suelta hasta que un calendario impone su ley en forma de convocatoria. Por eso, gracias a todos los que se quedan cuando yo desaparezco.

Gracias a Valle, Laura y Berta, por sostener la escritura cuando no se ve nada.

Y gracias a los lugares y personas que, de una forma u otra, acompañan esta obra:

A la casa de mis padres, los edificios de ladrillo, las calles y el parque que la rodean; y a las personas que forman parte de ese hogar al que siempre volver.

A las cortinas de gatos, los pijamas de murciélagos y las ratas de peluche que hicieron de Chopera nuestra fortaleza. A Cris y a Gon, por darme la mano y, sobre todo, por no soltarme. No había lugar mejor donde desaprender a hacer sopa.

Al piso de mi abuelo que es y fue casa mientras escribía esta obra. Y a él, que permanece.

A mi madre, por estar al otro lado de la ficción, resguardando los sueños.

Y a mi padre, que leía junto a la ventana hasta que se hiciera de noche.

COLECCIÓN ESCÉNICAS